Landlust!
Jetzt ist E(r)ntezeit

COMIC COLLECTION

EGMONT

Inhalt

Seite 5
Vergebliche Suche nach Ruhe

Seite 29
Die Gesundheitsfarm

Seite 45
Es war einmal in Amerika... Tausend Rinder, tausend Meilen

Seite 76
Gemüse für den Nordpol

Seite 104
Landliebe

Seite 126
Akute Geldspeicheritis

Seite 133
Die Abenteuer des Mick Sawyer

Seite 189
Der doppelte Dagobert

Seite 220
Der Bauernhof der Zukunft

Seite 242
Der Frisörbesuch

Seite 243
Miese Machenschaften

Seite 270
Das Geheimnis des Bauernhofs

Seite 299
Die Wohlfühlfarm

Seite 325
Eine fantastische Reise

Seite 354
Die edlen Räuberinnen

Seite 381
Zurück zur Natur

Seite 417
Sensible Früchte

Seite 418
Das beste Mittel

Seite 436
Franz schöpft Verdacht

Seite 460
Die Ballade von Cathy und Bill

Unsere Bücher finden Sie im
Buch- und Fachhandel und auf

www.egmont-shop.de

„Enthologien – Band 37: Landlust! – Jetzt ist E(r)ntezeit"

Originalausgabe: „Lustiges Taschenbuch Spezial Band 46:
Landlust – Ferien auf dem Bauernhof"

Übersetzungen: Michael Bregel („Tausend Rinder, tausend Meilen"),
Peter Daibenzeiher („Vergebliche Suche nach Ruhe", „Miese Machenschaften"),
Gudrun Penndorf M.A. („Die Ballade von Cathy und Bill") ,
Gudrun Penndorf M.A./Alexandra Ardelt („Die Abenteuer des Mick Sawyer"),
Gudrun Smed-Puknatis („Die Gesundheitsfarm", „Das Geheimnis des Bauernhofs",
„Eine fantastische Reise", „Die edlen Räuberinnen", Zurück zur Natur", „Das beste Mittel"),
Gerlinde Schurr („Der doppelte Dagobert") u. a.

© 2019 Disney Enterprises, Inc.

Deutschsprachige Ausgabe erschienen in der
Egmont Comic Collection
verlegt durch Egmont Verlagsgesellschaften mbH,
Alte Jakobstr. 83, 10179 Berlin

3. Auflage
Verantwortlicher Redakteur: Fabian Gross
Gestaltung: Wolfgang Berger, Sigi Hepner
Koordination: Manuela Rudolph
Printed in the EU
978-3-7704-4010-8

www.egmont-comic-collection.de
www.lustiges-taschenbuch.de

Die Egmont Verlagsgesellschaften gehören als Teil der Egmont-Gruppe zur
Egmont Foundation – einer gemeinnützigen Stiftung, deren Ziel es ist, die sozialen,
kulturellen und gesundheitlichen Lebensumstände von Kindern und Jugendlichen zu
verbessern. Weitere ausführliche Informationen zur Egmont Foundation unter
www.egmont.com

Luca Boschi (Story), **Romano Scarpa** (Zeichnungen)

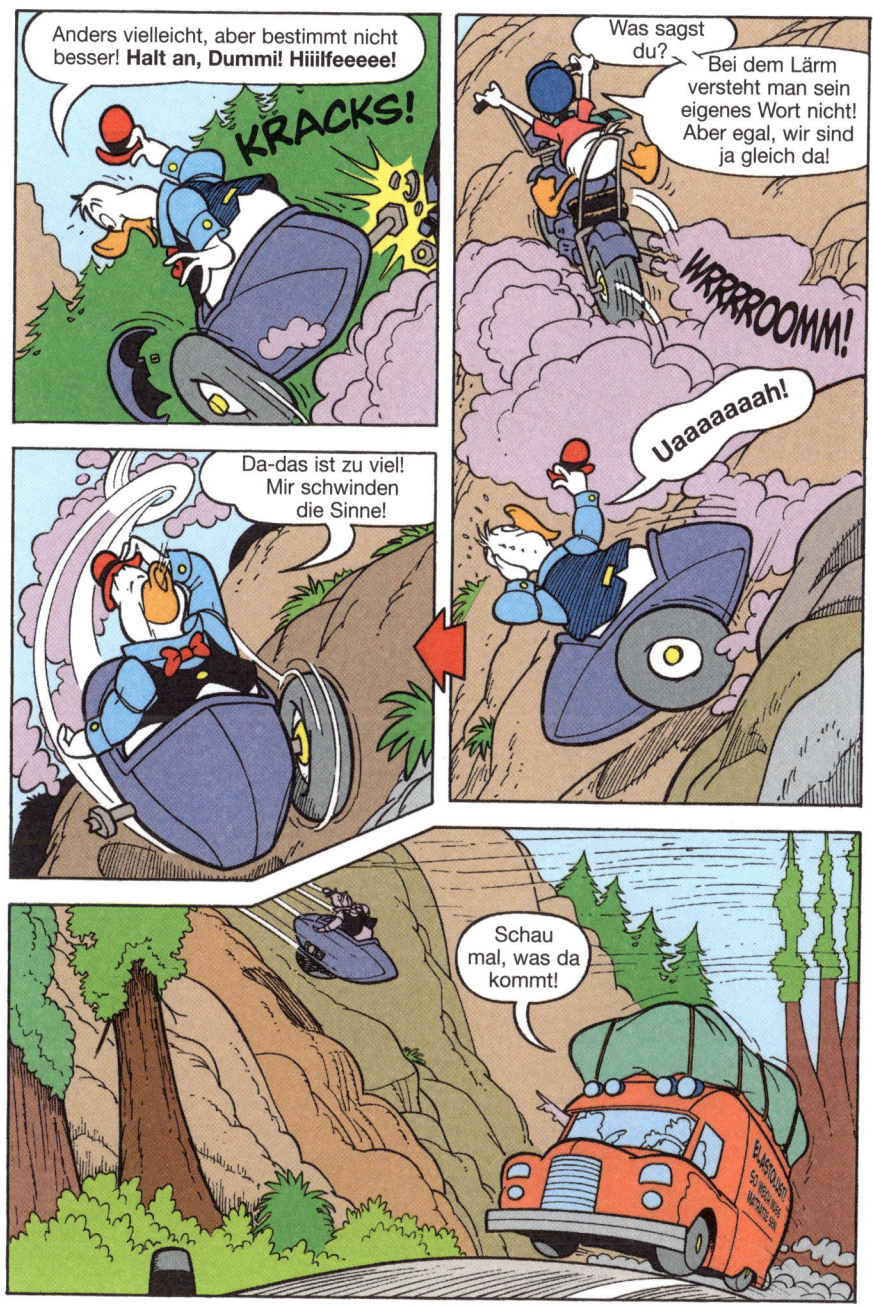

Alessandro Sisti (Story), **Silvio Camboni** (Zeichnungen)

Giorgio Pezzin (Story), **Massimo De Vita** (Zeichnungen)

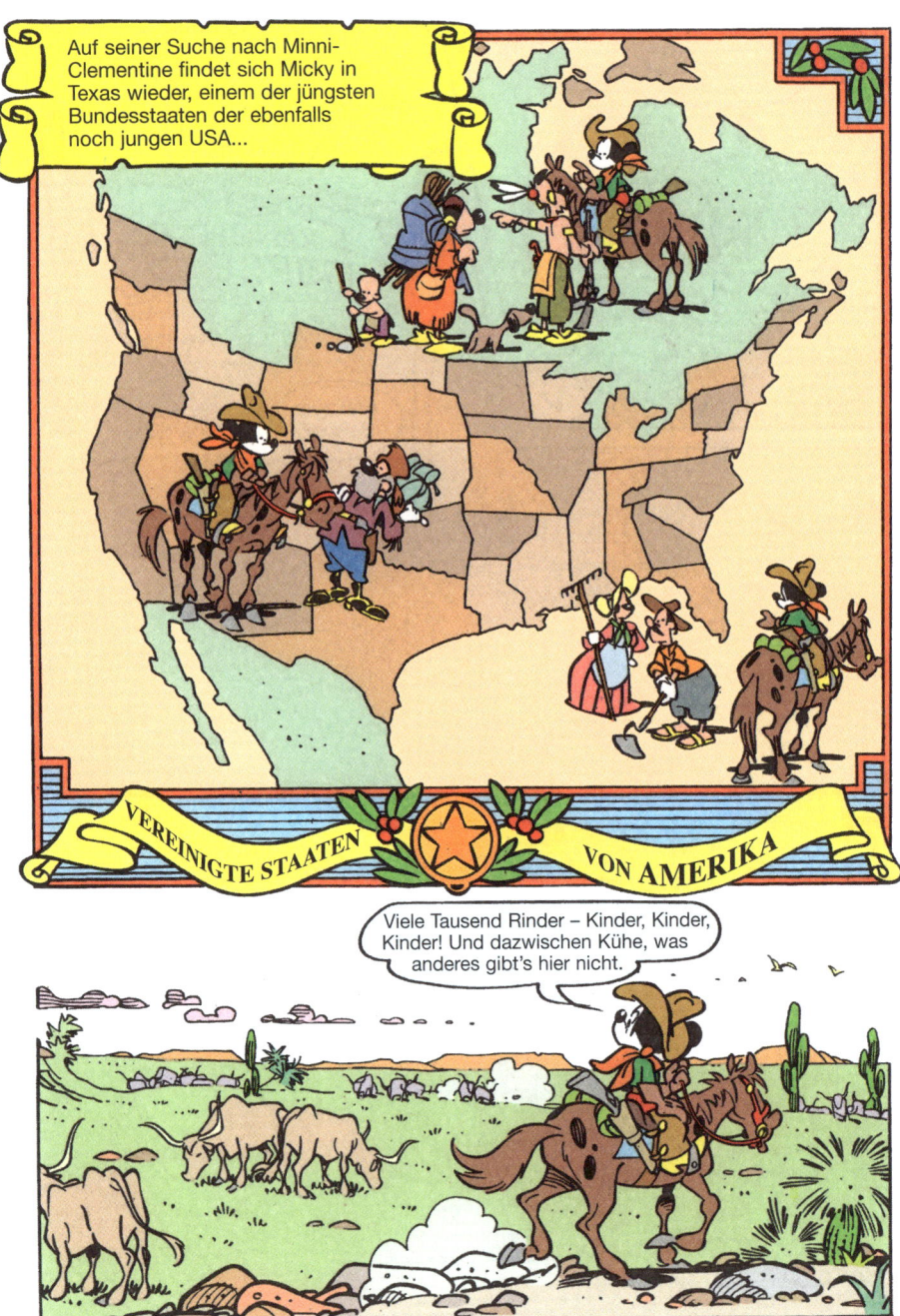

Carlo Panaro (Story), Giorgio Cavazzano (Zeichnungen)

Giorgio Martignoni (Story), **Francesco Guerrini** (Zeichnungen)

Bruno Sarda (Story), Michele Bizzi (Zeichnungen)

Fabio Michelini (Story), **Maria Luisa Uggetti** (Zeichnungen)

Und so, schon bald darauf…

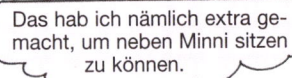

Doch es kommt noch schlimmer! Der gestrenge Lehrer hat nämlich alles gesehen, und so eilt er blitzgeschwind herbei, um dem stürmischen jungen Mann gehörig die Ohren langzuziehen…

Kein Wunder, dass der arme Mick Sawyer von Albträumen geplagt wird…

Du musst erzählen, wie's war!

Damit dich Tante Molly bestraft, weil du nachts draußen warst? Pah!

Schließlich kommt der große Tag, an dem der Prozess stattfindet. Natürlich will sich keiner der Bürger das Spektakel entgehen lassen, und so hat sich der ganze Ort im Gerichtssaal versammelt…

Was haben Sie zu Ihrer Entlastung vorzubringen, Angeklagter?

Nun, ich… äh… also…

Doch insgeheim ist auch Mick ganz froh, dass sein Freund diesen Vorschlag gemacht hat. Man kehrt also zurück nach St. Petersburg, wo man sich die Zeit mit weit weniger gefährlichen Spielen wie Blindekuh vertreibt…

In aller Ausführlichkeit berichten die beiden von ihrem dramatischen Abenteuer, das um ein Haar schlecht ausgegangen wäre. Am meisten Eindruck macht Micks Schilderung, wie er Joe Kater hat überlisten können…

Antonella Pandini (Story), **Corrado Mastantuono** (Zeichnungen)

Der Doppelgänger von Gittas Angebetetem ist aufmerksam und zuvorkommend...

Ich glaube, dir ist kalt, liebste Gitta! Warte, ich gehe rasch ins Haus und hole dir eine Jacke!

...er liebt gute Bücher...

...schreibt Gedichte...

Deine Augen wie Sterne, die hab ich so gerne...

...treibt begeistert Sport...

Keuch! Keuch!

...und frönt der Malerei...

Carlo Panaro (Story), **Lara Molinari** (Zeichnungen)

Hanne Guldberg Mikkelsen (Story), **Juan Manuel Muñoz Chueca** (Zeichnungen)

Gaja Arrighini (Story), Andrea Freccero (Zeichnungen)

Fabio Michelini (Story), Claudio Sciarrone (Zeichnungen)

Carlo Panaro (Story), Fabrizio Petrossi (Zeichnungen)

Dave Rawson & Pat McGreal (Story), **Raf** (Zeichnungen)

Carlo Panaro (Story), **Lara Molinari** (Zeichnungen)

Romano Scarpa (Story & Zeichnungen)

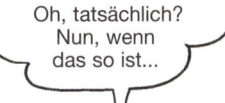

Diego Fasano (Story), **Blasco Pisapia** (Zeichnungen)